AF558008

Die Erdmännchen Jan und Henry waren schon fast überall. In ihrer Höhle, in einem Supermarkt, in einem Schwimmbad und beim Friseur.

Aber es gibt einen Ort, da waren sie noch nie: auf einem Bauernhof. Deswegen machen sie dort nun Urlaub.

Der Bauer hat ihnen erlaubt, in der Scheune zu übernachten. Eine ganze Woche lang. Das wird bestimmt aufregend.

Woanders zu übernachten ist immer aufregend. Auch für zwei Erdmännchen.

Hast du Lust, Jan und Henry zu begleiten?

Inhalt

Montag – Der Vampir mit der Torte	5
Dienstag – Der erfinderische Affe	16
Mittwoch – Das Gespenst in der Schule	27
Donnerstag – Der Vogel mit dem Kleingeld	38
Freitag – Die fliegende Eidechse	49
Samstag – Der schwitzende Osterhase	60
Sonntag – Das Einhorn mit dem Bonbon-Schnupfen	71

Herausgegeben von

ZEITGEIST MEDIA GmbH
Am Seestern 8, 40547 Düsseldorf

ZEITGEIST MEDIA GmbH ist ein Imprint der Panini Verlags GmbH.

Idee: Martin Reinl
Text und Illustrationen: Martin Reinl
Satz: Marcus Eckhardt
Druck: Florjančič tisk d.o.o., Maribor, Slowenien
ISBN 978-3-934046-34-4

DER VAMPIR MIT DER TORTE

Heute ist Montag. Jan und Henry haben den ganzen Tag auf dem Bauernhof gespielt und freuen sich jetzt auf ihre erste Nacht in der Scheune. Sie haben sich ein gemütliches Bett aus Stroh, einem Kissen und einer Decke gebaut.

„Wie man wohl im Stroh so schläft?“, fragt sich Henry.

„Probieren wir es einfach aus!“, meint Jan.
Und schon fallen die beiden Erdmännchen mit ihrem Einschlafreim aufs Kissen:

„Alle Augen zugemacht,
wir schlafen jetzt die ganze Nacht!“

Doch noch bevor Jan anfangen kann zu träumen, wird er von einem Geräusch wieder aufgeschreckt.

„Schlapp, schlapp, schlapp!“

Das klingt sehr unheimlich. Jan weiß aber sofort, was zu tun ist: Er muss seinen Bruder Henry wecken. Zu zweit wird ein unheimliches Geräusch gleich viel weniger unheimlich.

Jan flüstert leise: „Henry!?“

Aber Henry schnarcht nur und reagiert nicht. Also versucht Jan es ein zweites Mal: „Heeeenry!!?“

Henry rührt sich nicht. Also noch einmal, diesmal ganz laut: „Heeeeeeeeenryyyyyyyyy!!!“

Das war so laut, dass Henry mit einem Schrei aufwacht und aus dem Bett purzelt.

„Wa-wa-was ist denn?“, stammelt Henry, als er wieder aufsteht. „Wenn du so laut schreist, kann ich gar nicht herausfinden, wie man im Stroh so schläft!“

Aber das ist Jan in diesem Moment egal. Er muss doch schließlich wissen, was das für ein seltsames Geräusch ist.

„Schlapp, schlapp, schlapp!“

Sie spitzen nun beide die Ohren.

Jan hat auf einmal eine Idee: „Weißt du, was das ist!?
Das ist ein Vampir!“

Henry glaubt das nicht. Vampire gibt es doch nur in Gruselfilmen.

„Genau! Deswegen haben alle Leute Angst vor Vampiren“, erklärt Jan. „Aber weil der Vampir möchte, dass die Leute ihn mögen, hat er beschlossen, Zirkusclown zu werden. Clowns mag jeder!“

Henry ist sich immer noch unsicher, ob er das glauben soll. „Aber was genau macht denn nun dieses Schlapp-schlapp-Geräusch?“, will er wissen.

„Ganz einfach“, weiß Jan. „Ein Zirkusclown bekommt doch dauernd Sahnetorten ins Gesicht geworfen. Und jeder, der schon mal eine Sahnetorte ins Gesicht geworfen bekommen hat, weiß, dass das ganz laut ‚schlapp, schlapp‘ macht.“

Henry hat zwar noch nie eine Torte ins Gesicht geworfen bekommen, aber tatsächlich ergibt das für ihn Sinn. Zu gern würde er sich den Vampir-Clown mal ansehen. Am besten, sie rennen gleich mal los und schauen, wo er steckt.

„Wo kommt es her,
das Geräusch?
Vielleicht von da?
Oder von dort?
Von diesem Ort?
Da bei dir?
Aaaah! Es kommt von …

… hiiiiiiiiiiiier!“

Henry rutscht beim letzten Wort in einer Matschpfütze aus und landet mit einem lauten „Schlapp“ mitten im Dreck.

Jan muss lachen. Henry sieht aus wie ein Matschmonster. Das ist fast so lustig wie ein Vampir mit Torte im Gesicht! Da ertönt eine grunzende Stimme: „He, was macht ihr denn auf meinem Spielplatz?“

Sie drehen sich um. Hinter ihnen steht ein Schweinchen.

„Wo ist denn hier ein Spielplatz?“, wollen Jan und Henry wissen. „Hier ist doch weder eine Schaukel noch eine Rutsche oder ein Klettergerüst!?“

„So was brauch ich alles nicht“, grunzt das Schweinchen. „Für mich gibt es nichts Schöneres, als im Matsch zu spielen.“

Das Schweinchen macht einen dicken Satz mitten in die Pfütze und haut fröhlich mit allen Haxen in die braune Pampe. Das Geräusch, das dabei entsteht, kommt Jan und Henry sehr bekannt vor:

„Schlapp, schlapp, schlapp!“

„Ach, dann war das gar kein Vampir mit Torte im Gesicht, sondern nur ein Schweinchen im Matsch“, kapiert Jan.

„Das hab ich mir ja gleich gedacht“, meint Henry, während er sich den Dreck aus dem Gesicht wischt.

Das Schweinchen aber meint nur: „Eine Torte im Gesicht? So was Albernes. Das wäre ja eine ganz schöne Schweinerei!“

Kurz darauf liegen Jan und Henry wieder in ihrem Nachtquartier. Henry denkt noch nach: Wie schminkt sich eigentlich ein Vampir als Clown? Vampire sind ja im Spiegel unsichtbar. Der sieht doch dann gar nicht, wie er sich anmalt ... „Was meinst du, Jan?"

Aber Jan ist schon längst eingeschlafen. Henry legt sich neben ihn. Dann muss er ihn wohl morgen fragen. Beide träumen nun bis Dienstag von Matschpfützen, Sahnetorten und dem Vampir.

DER ERFINDERISCHE AFFE

Heute ist Dienstag. Jan und Henry haben den ganzen Tag mit dem Schweinchen auf dem Bauernhof Verstecken gespielt. Das Schweinchen war ganz überrascht, dass man auch ohne Matsch so viel Spaß haben kann.

Jetzt liegen unsere beiden Erdmännchen wieder auf dem Heuboden und freuen sich aufs Schlafengehen.

„Alle Augen zugemacht,
wir schlafen jetzt die ganze Nacht!“

Henry schläft sofort ein, nur Jan kriegt mal wieder kein Auge zu, denn da ist ein seltsames Geräusch:

„Tock! Tock! Tock!“

Er muss unbedingt Henry fragen, was das sein könnte. Also wird Henry mal wieder wach gebrüllt ... Natürlich nicht, ohne dass der dabei aus dem Bett plumpst.

„Wa-wa-was ist denn? Spielt da schon wieder ein Schweinchen im Matsch, Jan?“

„Nein, Henry“, sagt Jan. „Es ist was anderes. Höchstwahrscheinlich ein Affe!“

„Was? Ein Affe?“ Henry kann das nicht glauben und hört sich das Geräusch selbst an.

„Tock! Tock! Tock! Tock!“

„Also, das hört sich überhaupt nicht wie ein Affe an“, findet Henry. „Das klingt eher wie eine Maschine!“

„Ja, richtig“, stimmt Jan zu. „Das IST eine Maschine! Der Affe hat sie gebaut. Er ist nämlich Erfinder.“

Henry kichert: „Was soll denn das für eine Maschine sein, die der erfunden hat?“

„Das ist doch klar“, erklärt Jan. „Natürlich eine Bananenschälmaschine. Affen lieben Bananen. Aber sie haben keine Lust, alle selbst zu schälen.“

Das findet Henry unheimlich klug von dem Affen.

Natürlich wollen sich die beiden die Maschine einmal ansehen und machen sich sofort auf die Suche.

„Wo kommt es her, das Geräusch?
Vielleicht von da?
Oder von dort?
Von diesem Ort?
Da bei dir?
Aaaah! Es kommt von HIER!“

Jan und Henry landen mitten auf einem Feld.

„Das ist bestimmt ein Bananenfeld“, meint Jan.

Aber Henry kennt sich aus. „Bananen wachsen nicht auf unseren Feldern, hier wächst Getreide!“

„Aber der Affe und seine Maschine müssen hier sein“, behauptet Jan, „denn ich höre das Geräusch ganz deutlich!“

Tatsächlich hören die beiden wieder ganz laut:

„Tock! Tock! Tock! Tock!“

Mit einem Mal taucht neben ihnen wirklich eine Maschine auf.
Aber darauf sitzt kein Affe, sondern der Bauer.

„Hallo, ihr zwei! Was macht ihr denn noch hier?
Ich war den ganzen Tag mit dem Traktor auf dem Feld
und wollte gerade nach Hause fahren.“

Jan und Henry schauen sich an. Das Geräusch kam gar nicht von einer Bananenschälmaschine, sondern von einem Traktor?

„Das hab ich mir ja gleich gedacht!“, meint Henry nur.

„Soll ich euch mit zurück zum Hof nehmen?“, fragt der Bauer.

Das lassen sich die beiden Erdmännchen nicht zweimal sagen. Auf einem Traktor zu fahren ist mindestens zehnmal besser, als sich von einer Maschine eine Banane schälen zu lassen.

Mit lautem „Tock! Tock! Tock!“ geht es zurück zum Bauernhof.

Wieder zurück in der Scheune rätselt Henry noch, ob ein Affe wirklich Maschinen erfinden kann. Erfinden ist doch bestimmt noch anstrengender, als Bananen zu schälen ... Aber leider kann er mit seinem Bruder Jan nicht mehr darüber diskutieren, denn der ist längst eingeschlafen. Also legt Henry sich nun auch hin.

Beide träumen bis Mittwoch von einer Traktorfahrt, einem Affen und ganz vielen Bananen.

DAS GESPENST IN DER SCHULE

MITTWOCH

Heute ist Mittwoch. Jan und Henry
waren den ganzen Tag mit dem Bauern
auf dem Traktor unterwegs.
Das hat unheimlich viel Spaß gemacht,
besonders als die beiden auch mal
auf die Hupe drücken durften.
Jetzt ist es aber wieder
Zeit für die Erdmännchen,
ins Bett zu gehen.

„Alle Augen zugemacht,
wir schlafen jetzt die ganze Nacht! “

Henry hört sich das Geräusch noch mal an und meint: „Ja, aber scheinbar passt es in der Schule nicht gut auf! Denn als Spukgespenst ruft man ‚Buuuh' und nicht ‚Muuuh'."

Da hat Henry tatsächlich recht. Sie sollten das Gespenst suchen, um es ihm zu sagen.

„Wo kommt es her, das Geräusch?
Vielleicht von da?
Oder von dort?
Von diesem Ort?
Da bei dir?
Aaaah! Es kommt von HIER!“

Sie landen mitten auf der Weide hinter dem Bauernhof. Hier ist aber nirgendwo eine Schule zu sehen, und erst recht kein Gespenst. Nur eine Kuh steht mitten auf der Wiese und kaut auf einem Büschel Gras herum.

„Hallo, Frau Kuh? Wir suchen das Gespenst. Es ist noch sehr jung. Mit Schulranzen. Haben Sie es gesehen?“

Und was antwortet die Kuh den beiden?

„Muuuuh!“

Die beiden Erdmännchen müssen lachen.
Da kam das Geräusch also her.

Henry hat sich das natürlich gleich gedacht.

Einige Zeit später sitzen die zwei Brüder wieder in der Scheune.

Die Kuh hat den beiden noch etwas Milch mitgegeben, die sie genüsslich zum Einschlafen schlürfen. Während Jan sich dann auch schnell hinlegt, denkt Henry noch nach.

Ob ein Gespenst wirklich zur Schule geht? Was es da wohl noch so lernt? Wahrscheinlich, wie man sich unsichtbar macht und durch Wände geht. Ob das wohl schwer ist? „Was meinst du, Jan? Jan!?“

Aber Jan ist schon eingeschlummert. Also legt sich Henry auch hin. Beide träumen nun bis Donnerstag die ganze Nacht von einem Gespenst, das mit einer Kuh zur Schule geht.

DER VOGEL MIT DEM KLEINGELD

Heute ist Donnerstag. Jan und Henry haben noch mal die Kuh besucht und mit ihr das Spiel Blindekuh gespielt. Die Kuh hat fast jedes Mal gewonnen.

Jetzt sind die beiden aber wieder müde und wollen ins Bett. Natürlich nicht ohne ihren Einschlafreim:

„Alle Augen zugemacht,
wir schlafen jetzt die ganze Nacht!“

Schnell liegen die beiden schnarchend in ihren Kissen.

Aber genauso schnell steht Jan schon wieder senkrecht im Bett. Er hört auch heute etwas:

„Klapper, klapper, klapper!“

Sofort wird Henry geweckt.

„Heeeenryyyyyy!!!“

Der ist natürlich gar nicht begeistert, denn immer, wenn Jan ihn weckt, fällt Henry aus dem Bett.

„Wa-wa-was ist denn? Hat schon wieder eine Kuh gemuht?“

„Nein, Henry“, meint Jan. „Diesmal klappert etwas! Wahrscheinlich ein Zug.“

KLAPPER
KLAPPER
KLAPPER
BAHNHOF

Ein Zug? Henry ist sich sicher, dass das nicht sein kann.

„Wir sind doch auf einem Bauern- und nicht auf einem Bahnhof! Außerdem klappern Züge doch auch gar nicht!“

„Das Klappern kommt natürlich nicht von dem Zug. Es kommt von dem Vogel“, sagt Jan.

„Was denn für ein Vogel?“, will Henry wissen.

„Der Zugvogel“, erklärt Jan. „Der steht gerade am Bahnsteig und wirft Kleingeld in den Fahrkartenautomaten. Das klappert genau so!“

Das leuchtet Henry ein. Trotzdem kann er sich nicht vorstellen, dass hier auf dem Bauernhof Züge halten.

Da hilft nur eins: Nachsehen!

„Wo kommt es her, das Geräusch?
Vielleicht von da?
Oder von dort?
Von diesem Ort?
Da bei dir?
Aaaah! Es kommt von HIER!“

Sie landen direkt auf dem Dach der Scheune. Das Klappern kommt eindeutig von hier.

„Siehst du“, meint Henry, „du hast dich geirrt! Kein Fahrkartenautomat weit und breit.“

„Aber guck mal, was da hinten ist ...“, ruft Jan. Henry dreht sich um – und tatsächlich sieht er auf dem Dach ...

... einen Vogel! Hatte Jan etwa doch recht?

„Guten Tag, du bist bestimmt der Zugvogel?“, begrüßen ihn die zwei Erdmännchen.

„Wo ist denn der Automat?“, fragt Henry.

„Und wohin willst du mit dem Zug fahren?“, schiebt Jan noch hinterher.

Der Vogel guckt die beiden verwirrt an. „Ich weiß nicht, wovon ihr redet! Ich bin ein Storch! Und ich wohne hier auf dem Dach.“

Erst jetzt sehen die beiden, dass der Storch in einem wunderschönen Nest steht.

Jan will es genau wissen:
„Aber wir haben es doch klappern gehört!“

„Das war ich! Ich bin nämlich ein Klapperstorch. Hört mal ...“

Der Storch streckt seinen langen Hals in die Luft und beginnt, mit seinem Schnabel laut zu klappern.

„Klapper, klapper, klapper!“

Henry nickt: „Na, das hab ich mir ja gleich gedacht! Dann können wir ja jetzt wieder zurück ins Bett gehen.“

„Ach, schade, dass ihr schon gehen wollt“, meint der Storch. „Ich bekomme hier auf dem Dach so selten Besuch. Habt ihr nicht Lust, bei mir im Nest zu übernachten?“

Eine tolle Idee, finden Jan und Henry. Das Nest ist groß genug für alle. Und so verbringen die beiden Erdmännchen ihre erste Nacht unter freiem Himmel. Sie träumen bis Freitag von Zugvögeln, Störchen und jeder Menge Kleingeld.

FREITAG

DIE FLIEGENDE EIDECHSE

Heute ist Freitag. Jan und Henry haben mit dem Storch einen Ausflug gemacht. Jetzt sind sie müde vom Tag und wollen schlafen gehen. Aber Henry weiß gar nicht, wie er sich hinlegen soll.

„Irgendwie ist diese Bettdecke zu klein für zwei Erdmännchen“, meint er, während er daran herumzupft.

„Wieso? Die ist doch total kuschelig!“, findet Jan.

Vielleicht liegt es aber auch daran, dass Jan sich einmal komplett in die Decke eingewickelt hat. Für Henry ist nur noch ein kleiner Zipfel übrig.

Doch schließlich schlüpft Henry einfach mit zu Jan in die aufgerollte Decke, und sie können einschlafen.

„Alle Augen zugemacht,
wir schlafen jetzt die ganze Nacht!“

Bevor Henry überhaupt nachdenken kann, was das sein könnte, hat Jan bereits eine Idee: „Bestimmt ist das eine Eidechse!“

„Ach, Jan, du immer mit deinen Ideen“, winkt Henry ab. „So macht doch keine Eidechse!“

„Natürlich macht die so!“, weiß Jan es besser. „Sie will nämlich fliegen.“

Henry schüttelt den Kopf: „Eidechsen können doch gar nicht fliegen!“

Jan nickt: „Stimmt! Deswegen trägt sie ja auch gerade ein Hummelkostüm."

„Wa-wa-was?" Henry versteht kein Wort.

Jan erklärt es ihm: „Hummeln können fliegen. Also hat sich die Eidechse das Kostüm angezogen und versucht nun, mit den Flügeln zu schlagen. Und daher kommt das Geräusch. Wenn du es nicht glaubst, dann schau es dir doch an!"

Gesagt, getan. Die beiden rennen los.

„Wo kommt es her, das Geräusch?
Vielleicht von da?
Oder von dort?
Von diesem Ort?
Da bei dir?
Aaaah! Es kommt von HIER!“

Sie landen hinter der Scheune auf einer Wiese. Dort treffen Jan und Henry ein seltsam aussehendes Tier ohne Fell.

„Hallo! Bist du die Eidechse?“, fragt Jan.

„Wo ist denn dein Hummelkostüm?“, schiebt Henry hinterher.

„Wie bitte? Ich bin doch keine Eidechse! Ich bin ein Schaf“, antwortet das Tier.

Jan und Henry lachen. Nie im Leben ist das ein Schaf. Sie wissen genau, wie Schafe aussehen. Die sind weiß und flauschig.

„Das stimmt schon! Aber ich bin doch frisch geschoren“, sagt das Tier. „Der Bauer schert uns Schafe regelmäßig mit der Schermaschine. Dreht euch doch mal um!“

Jan und Henry drehen sich um, und tatsächlich sehen sie da den Bauern, der gerade mit einer Rasiermaschine den Schafen das ganze flauschige Fell abrasiert.

Die Maschine macht laut „Bsssss … Bsssss …“.

Henry staunt nicht schlecht: „Hey! Ach, das ist das Geräusch. Also, das hab ich mir ja gleich gedacht!“

Natürlich wollen die beiden wissen, warum der Bauer denn den Schafen das Fell abrasiert.

„Daraus machen wir Wolle!“, erklärt der Bauer. „Und aus der Wolle kann man dann zum Beispiel eine kuschelige Decke stricken, so wie diese hier!“

Der Bauer zeigt den beiden eine flauschige Wolldecke. Die leihen sich Jan und Henry für eine Nacht aus und rennen damit zurück in die Scheune.

„Also, das gefällt mir viel besser als eine fliegende Eidechse“, meint Jan. „Denn heute hat jeder von uns eine eigene Decke! Gute Nacht!“

Und schon ist er eingeschlafen.

Henry überlegt noch: Ob eine Eidechse wirklich fliegen kann, wenn sie ein Hummelkostüm trägt? Können Erdmännchen das auch? Oder Schafe? Wenn Jan morgen wieder wach ist, muss er ihn das unbedingt fragen.

Jetzt legt er sich aber auch erst mal schlafen und träumt bis Samstag von Schafen, Eidechsen und Hummelkostümen.

DER SCHWITZENDE OSTERHASE

Heute ist Samstag. Jan und Henry haben den ganzen Tag mit den Schafen Fangen gespielt. Jetzt wird es Abend, und die Erdmännchen haben sich wieder in ihrem Scheunenquartier eingenistet.

Zum Einschlafen fehlt nur noch eins. Ihr Einschlafreim:

„Alle Augen zugemacht, wir schlafen jetzt die ganze Nacht!“

Schon sind die beiden tief eingeschlafen.
Doch da ist dieses Geräusch …

„Knister! Knister! Knister!“

Jan ist sofort wach. Aufrecht steht er im Bett und hört sich das Geräusch an. Natürlich weiß er sofort, was er tun muss: seinen Bruder Henry aufwecken.

„Heeeenryyyyyyyyyy!“

Henry fällt aus dem Bett: „Wa-wa-was ist denn? Ich glaube, ich hab jetzt schon sechs Beulen am Kopf! Eine von Montag, eine von Dienstag, eine von ...“

Aber bevor Henry die Wochentage weiter aufzählen kann, unterbricht ihn Jan mit vorgehaltenem Finger.

„Psssst, Henry! Sei ruhig! Sonst kannst du das unheimliche Geräusch nicht hören.“

„Knister! Knister! Knister!“

Jetzt hört Henry es auch.

Jan denkt nach: „Ich glaube, ich weiß, was da so knistert. Ein Schokoladenosterhase!"

Henry stutzt: „Was? Jetzt ist doch noch gar nicht Ostern!"

Jan nickt: „Ich weiß! Der Osterhase macht Urlaub! So wie wir!"

Das sieht Henry ein. Jeder braucht mal Urlaub. Auch ein Schokoladenosterhase! Trotzdem würde er gerne wissen, wieso der Hase knistert.

„Ist doch klar“, sagt Jan. „Der Schokohase schwitzt. Es ist doch so warm draußen!“

Henry bekommt Angst: „Oh nein! Wenn es zu warm ist, dann schmilzt Schokolade doch!“

„Richtig! Deswegen muss der Schokohase seine dicke Silberfolie ausziehen. Dann wird ihm kühler“, behauptet Jan.

Und jeder, der schon mal die Silberfolie von einem Schokoladenosterhasen entfernt hat, weiß: Das knistert!

Die beiden beschließen, den Hasen zu suchen.

„Wo kommt es her, das Geräusch?
Vielleicht von da?
Oder von dort?
Von diesem Ort?

Da bei dir?
Aaaah! Es kommt von HIER!“

Nachdem sie eine ganze Weile durch die Gegend gerannt sind, landen sie wieder genau dort, wo sie losgelaufen sind. Das Knistern kommt tatsächlich genau von hier. Aus der Scheune.

Sie schauen sich noch mal genau um: In ihrem Bett ist nichts, auch nicht im Fensterrahmen oder bei der Leiter.

Doch auf einmal entdeckt Henry etwas unter einem Heuballen: „Sieh mal, Jan! Da ist ein Ei!“

„Das ist bestimmt ein Osterei von dem Hasen“, glaubt Jan.

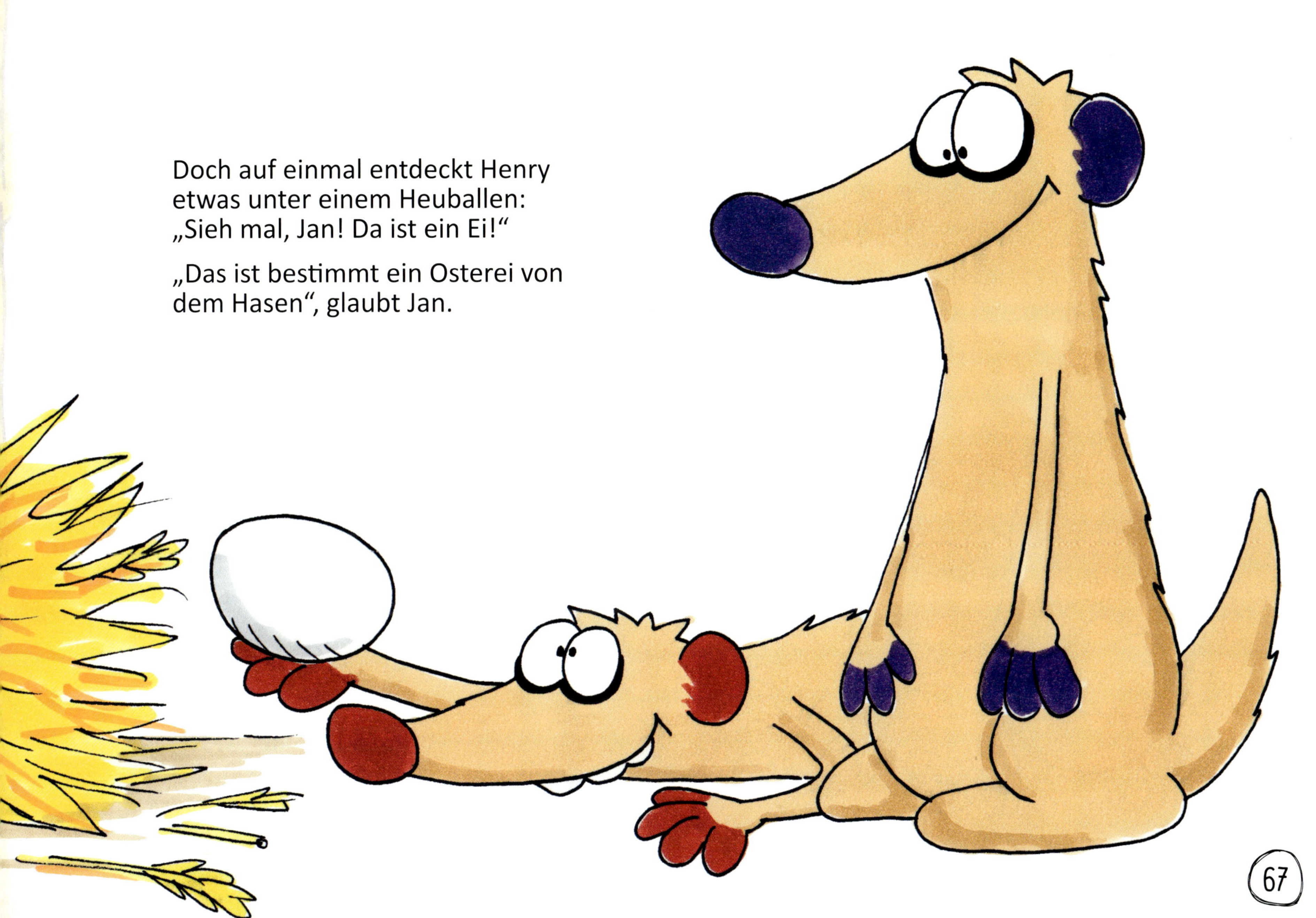

In dem Moment springt ihnen ein Huhn entgegen. „Was für ein Glück! Ihr habt es gefunden“, gackert es aufgeregt.

„Ja, wir haben das Ei gefunden“, sagt Henry stolz. „Und den schwitzenden Osterhasen finden wir auch noch! Dem gehört es nämlich.“

„Wie bitte? Nein, nein! Das ist MEIN Ei!“, erklärt das Huhn.

„Das kann nicht sein!“, widerspricht Jan.
„Wir haben doch den Schokohasen knistern gehört.“

Das Huhn weiß es aber besser: „Was ihr gehört habt, war ich. Ich habe das Ei die ganze Zeit hier gesucht. Seht mal!“

Das Huhn führt den beiden vor, wie es im Heu gewühlt hat, und in der Tat entsteht dabei ein Geräusch, das den beiden sehr bekannt vorkommt:

„Knister! Knister! Knister!“

Jan und Henry schauen sich verwundert an. Henry kann dazu nur noch eins sagen: „Das hab ich mir ja gleich gedacht!“

Nachdem das Huhn mit seinem Ei zurück in den Hühnerstall gegangen ist, machen es sich Jan und Henry nun auch wieder in ihrem Bett bequem.

„Also, es hätte mich ja auch schon sehr gewundert, wenn das wirklich ein Schokohase gewesen wäre“, denkt Henry. „Ich habe noch nie gehört, dass die Urlaub auf dem Bauernhof machen. Wenn ich aus Schokolade wäre, ich würde immer nur dort Urlaub machen, wo es kalt ist. Am Nordpol zum Beispiel. Oder in einem Kühlschrank. Und du, Jan? Jan!?“

Henry schaut sich um. Jan ist längst eingeschlafen. Also legt sich Henry dazu, und die beiden träumen bis Sonntag von Hühnern, Hasen und Schokolade.

DAS EINHORN MIT DEM BONBON-SCHNUPFEN

Heute ist Sonntag, der letzte Urlaubstag von Jan und Henry auf dem Bauernhof. Morgen fahren sie wieder nach Hause.
Aber vorher freuen sie sich noch mal auf ihre letzte Nacht in der Scheune. Also schnell einschlafen:

„Alle Augen zugemacht,
wir schlafen jetzt die ganze Nacht!“

Plumps. Schon liegen die beiden auf ihren Kissen.

Doch auch in dieser Nacht wird Jan von einem Geräusch vom Schlafen abgehalten.

„Krscht – krscht – krscht …“

So etwas Seltsames hat er nun wirklich noch nie gehört. Und das ausgerechnet am letzten Ferientag. Schnell weckt er seinen Bruder:

„Heeeeeenryyyyy!“

Zum letzten Mal in dieser Woche fällt der aus seinem Bett: „Wa-wa-was ist denn?“

„Hör doch mal!“, ruft Jan. „Ich glaube, da ist ein Einhorn!“

Henry rollt mit den Augen: „Ach, Jan, Einhörner gibt es doch gar nicht.“

„Doch! Sonst könnte ich es doch nicht hören“, meint Jan.

KRSCHT!

Henry versteht mal wieder gar nichts: „Machen Einhörner denn ‚krscht – krscht – krscht‘?“

„Nur wenn sie Schnupfen haben“, weiß Jan. „So hört es sich nämlich an, wenn sie niesen! Und weißt du, was das Tolle ist, wenn Einhörner niesen, Henry?“

„Nein, was denn?“

„Wenn Einhörner niesen, dann regnet es Bonbons!“

Das ist so ziemlich das Albernste, was Henry jemals gehört hat. So albern, dass es fast schon wieder stimmen könnte. Ein bisschen hofft er ja auch, dass es stimmt, denn Henry liebt Bonbons.

Also am besten, sie gehen sofort mal nachschauen. Und schon sind die beiden losgerannt.

„Wo kommt es her, das Geräusch?
Vielleicht von da?
Oder von dort?
Von diesem Ort?
Da bei dir?
Aaaah! Es kommt von HIER!“

Die beiden landen direkt auf dem Hof. Dort steht zwar kein Einhorn, dafür aber die Bäuerin mit einem Besen in der Hand.

„Hallo, Frau Bäuerin“, grüßen Jan und Henry. „Willst du mit dem Besen die Bonbons zusammenkehren?“

Die Bäuerin guckt ratlos: „Was für Bonbons?“

Die beiden Erdmännchen erklären es ihr: „Die es gleich regnet. Das Einhorn hat doch Schnupfen!“

Die Bäuerin versteht immer noch nicht: „Also, hier bei uns auf dem Bauernhof gibt es Schweine, Schafe und Hühner ... aber kein Einhorn! Das hätte ich ja auch gesehen. Ich fege nämlich schon die ganze Zeit den Hof.“

Nun schwingt sie noch mal den Besen und fegt dabei über den Boden: „Krscht – krscht – krscht …“

Jan ist überrascht: „Das Geräusch kommt vom Besen! Was sagst du dazu, Henry?“

Was soll Henry dazu sagen? Selbstverständlich: „Das hab ich mir ja gleich gedacht!“

Kurz darauf sitzen die zwei Erdmännchen wieder in ihrem Bett in der Scheune.

„Am liebsten würde ich einfach noch eine Woche länger hier auf dem Bauernhof bleiben“, meint Jan.

„Warum eigentlich nicht?“, findet auch Henry.

Willst du den beiden dabei helfen? Dann blättere einfach schnell zum Anfang des Buchs zurück. So erleben Jan und Henry noch mal eine ganze Woche auf dem Bauernhof.

Und DU auch!

Alle Augen zugemacht, wir schlafen jetzt die ganze Nacht!

Es gibt noch mehr tolle Gutenachtgeschichten
mit den lustigen Erdmännchen-Brüdern!

Jan & Henry – Gutenachtgeschichten
von Martin Reinl
80 Seiten
ISBN 978-3-934046-29-0

Jan & Henry – Abenteuer im Wald
von Martin Reinl
80 Seiten
ISBN 978-3-934046-35-1